No se permite la reproducción total o parcial de esta obra, ni su incorporación a un sistema informático, ni su transmisión en cualquier forma o por cualquier medio (electrónico, mecánico, fotocopia, grabación u otros) sin autorización previa y por escrito de los titulares del copyright. La infracción de dichos derechos puede constituir un delito contra la propiedad intelectual.
Taylor y tú. ISBN: 9788411744188 ©A Fan Book, 2023

Impresión y editorial: BoD – Books on Demand
info@bod.com.es - www.bod.com.es
Impreso en Alemania – Printed in Germany
ISBN: 9788411744188

TAYLOR

y tú

A FAN BOOK

ESTE LIBRO
PERTENECE A:

(Y A
TAYLOR SWIFT)

HAY ARTISTAS QUE NOS LLEGAN DE TAL MANERA QUE ENTRAN EN NUESTRAS VIDAS Y SE QUEDAN EN ELLAS COMO SI FUERAN PARTE DE NUESTRA FAMILIA.

ARTISTAS QUE PONEN LA BANDA SONORA A NUESTROS MEJORES Y PEORES MOMENTOS, QUE NOS ACOMPAÑAN Y ACONSEJAN, QUE NOS HACEN SENTIR QUE ESTAMOS CERCA DE ELLOS.

TAYLOR SWIFT ES UNA DE ELLAS.

FORMA PARTE DE TU VIDA Y DE TUS RECUERDOS, DE TUS ILUSIONES Y FRUSTRACIONES. ES COMO UNA AMIGA QUE SIEMPRE ESTA AHÍ.

ESTE LIBRO ES VUESTRO LIBRO.

TAYLOR Y TÚ. FOREVER.

¿CUÁNDO ESCUCHASTE A TAYLOR SWIFT POR PRIMERA VEZ? ¿QUÉ RECUERDAS DE AQUEL DÍA?

¿QUÉ CANCIÓN SUYA TE PONES PARA SUBIRTE LA MORAL? ¿Y QUÉ ESTROFA EN CONCRETO TE DA SUBIDÓN?

¿QUÉ CANCIÓN DEDICARIAS A TU CRUSH? ¿POR QUÉ ESA CANCIÓN?

S. Summer
T. Swift
W. Winter

¿QUÉ PREFERIRÍAS? ¿TENER A TAYLOR DE VECINA O TENER UN PASE VIP PARA TODOS SUS CONCIERTOS?

All of the girls you loved
before (ooh)
Made you the one I've fallen
for
Every dead-end street
Led you straight to me
Now you're all I need
I'm so thankful for
All of the girls you loved
before
But I love you more

Taylor Swift

¿QUÉ TRES PREGUNTAS LE HARÍAS?

¿CUÁL CREES QUE ES SU CANCIÓN MÁS REDONDA?

DIBUJA A TAYLOR.

NADIE TE ESTÁ MIRANDO ;P

¿DÓNDE TE GUSTARÍA IR DE VIAJE CON ELLA? ¿Y POR QUÉ A ESE DESTINO?

¿A QUIÉN DEDICARÍAS ESTAS CANCIONES Y POR QUÉ?

YOU BELONG WITH ME

GETAWAY CAR

22 (TAYLOR'S VERSION)

SOON YOU'LL GET BETTER, LOVER

¿CUÁL ES EL MEJOR CONCIERTO SUYO AL QUE HAS IDO Y/O CUÁL SERÍA TU CONCIERTO SOÑADO?

¿QUÉ CANCIÓN DE OTRO ARTISTA LE DEDICARÍAS? ESCRÍBELA:

¿CUÁL DE SUS CANCIONES ESCOGERÍAS PARA DECIRLE ADIÓS A ALGUIEN ESPECIAL? ¿Y POR QUÉ?

¿Y QUÉ CANCIÓN ESCOGERÍAS PARA UN DÍA COMO HOY? ¿POR QUÉ?

But I miss screaming and
fighting and kissing in the rain
And it's 2 a.m. and I'm cursing
your name
So in love that you act insane
And that's the way I loved you
Breaking down and coming
undone
It's a roller coaster kind of rush
And I never knew I could feel
that much
And that's the way I loved you

Taylor Swift

¿CUÁL ES LA CANCIÓN SUYA QUE MENOS TE GUSTA? ¿POR QUÉ?

¿CUÁL CREES QUE HA SIDO SU MEJOR ÁLBUM HASTA AHORA? ¿POR QUÉ?

¿CON QUÉ OTRO ARTISTA MUSICAL TE GUSTARÍA QUE COLABORARA?

¿CON QUÉ CANCIÓN INTENTARÍAS CONVENCER A ALGUIEN QUE DICE QUE NO LE GUSTA TAYLOR SWITF?

¿QUÉ CANCIÓN CREES QUE SE MERECE UN VÍDEO O CREES QUE NO SE LE HA HECHO DEMASIADA JUSTICIA?

¿QUÉ
CANCIÓN
DE
TAYLOR
TE
HACE
LLORAR?
¿POR
QUÉ?

¿QUÉ DÍAS O MOMENTOS TE VIENEN A LA CABEZA CON ESTAS CANCIONES?

SHAKE IT OFF

LOOK WHAT YOU MADE ME DO

ALL TOO WELL

WILDEST DREAMS

Did you have to do this?
I was thinking that you could
be trusted
Did you have to ruin
What was shining? Now it's all
rusted
Did you have to hit me
Where I'm weak? Baby, I
couldn't breathe
And rub it in so deep
Salt in the wound like you're
laughing right at me
Oh, it's so sad to think about
the good times
You and I

Taylor Swift

TAYLOR
SWIFT

¿QUÉ SIGNIFICA TAYLOR SWIFT PARA TI Y QUÉ EFECTO HA TENIDO EN TU VIDA?

¿QUÉ VIAJE TUVO DE BANDA SONORA LAS CANCIONES DE TAYLOR SWIFT?

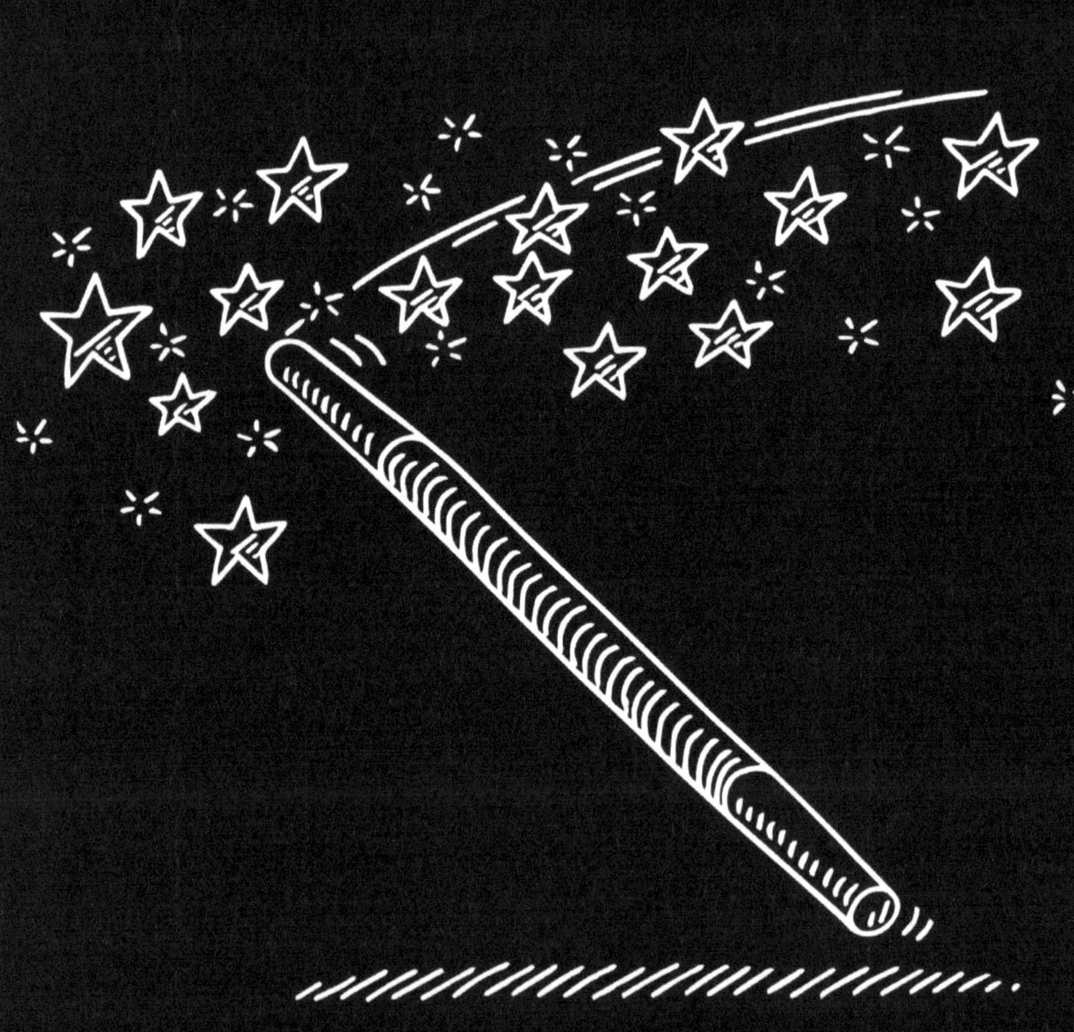

SI TAYLOR HUBIESE FORMADO PARTE DE TU VIDA SEGURAMENTE HUBIERA SIDO:

- TU MEJOR AMIGA ☐
- TU HERMANA ☐
- TU NOVIA ☐
- TU PROFESORA ☐
- TU GURÚ ☐
- TU MADRE ☐
- TU ____________ ☐

¿QUÉ LE DIRÍAS SI TE LA ENCONTRARAS EN LA CALLE?

¿QUÉ LE COCINARÍAS SI LA INVITARAS A CENAR A TU CASA?

Say my name and
everything just stops
I don't want you like a best
friend
Only bought this dress so
you could take it off
Take it off (ha, ha, ha)
Carve your name into my
bedpost
'Cause I don't want you like
a best friend
Only bought this dress so
you could take it off
Take it off (ha, ha, ha, ha)

Taylor Swift

¿CUÁL ES TU VÍDEO DE TAYLOR SWIFT FAVORITO? ¿POR QUÉ?

¿CUÁL ES EL LOOK DE TAYLOR QUE MÁS TE GUSTA?

¿QUÉ CANCIÓN TE GUSTARÍA QUE TE DEDICARAN?

¿QUÉ CANCIÓN DE TAYLOR TE PONES PARA BAILAR?

¿QUÉ CANCIÓN DE TAYLOR SIENTES COMO SI LA HUBIESE ESCRITO PARA TI? ¿POR QUÉ?

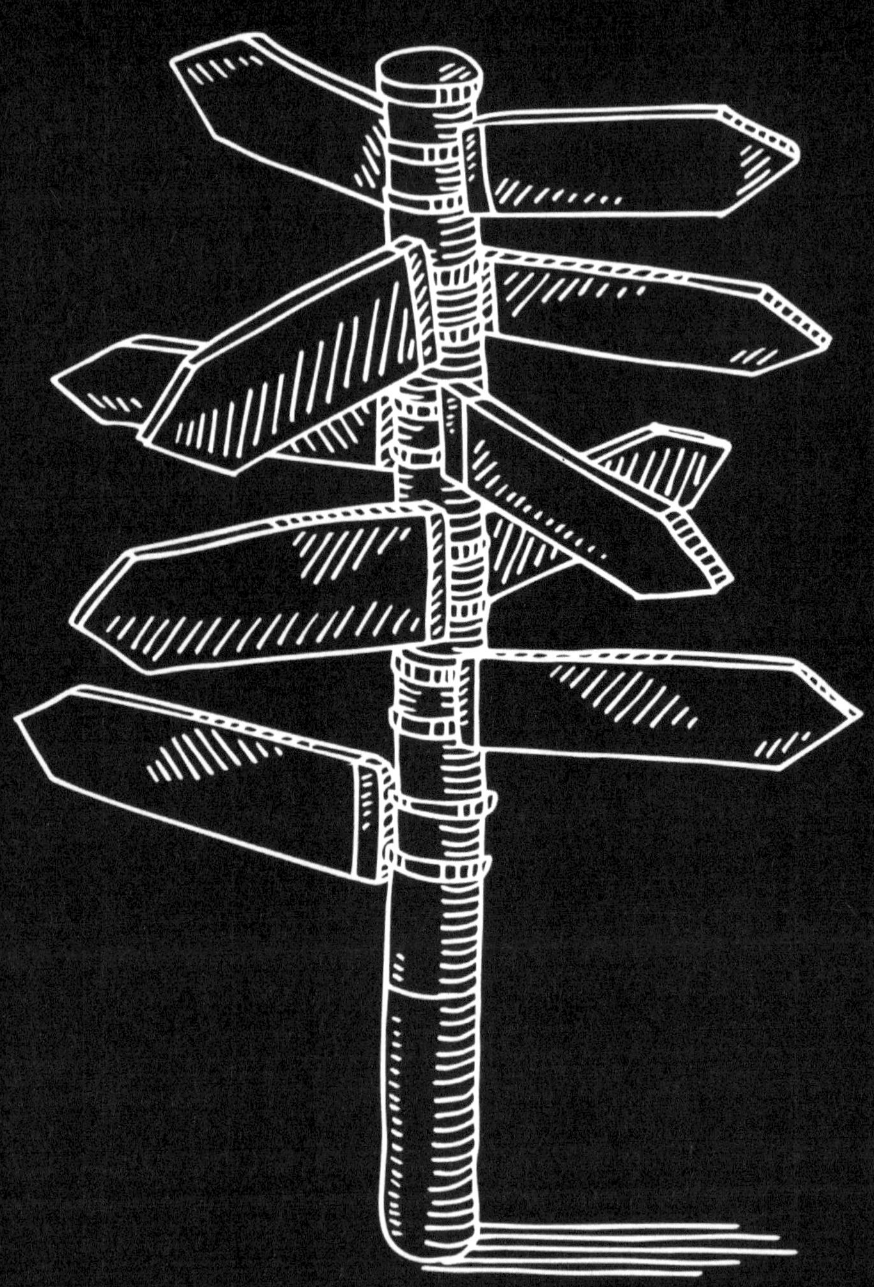

¿QUÉ CONSEJO (O ESTROFA DE CANCIÓN) CREES QUE TE DARÍA TAYLOR EN RELACIÓN A LO QUE MÁS TE PREOCUPA HOY DÍA?

'Cause there we are again in
the middle of the night
We're dancing 'round the kitchen
in the refrigerator light
Down the stairs, I was there
I remember it all too well,
yeah
And maybe we got lost in
translation
Maybe I asked for too much
But maybe this thing was a
masterpiece 'til you tore
it all up
Running scared, I was there
I remember it all too well

Taylor Swift